지옥(地獄)은 없느니라

There is no hell
地獄はないものだ

공상섭 著

도서출판 평강

■ 머리말씀

　인류(人類)의 미래(未來)를 진정으로 걱정하고 계시는 분들에게 이 글을 드립니다.

　인류의 정신연령(精神年齡)이 인류가 살아온 역사(歷史)만큼 성숙(成熟)해 왔다면 21세기(世紀) 인류 앞에 놓여있는 당면과제(當面課題)들을 능(能)히 극복(克復)할 수 있을텐데 그렇게 못하고 있는 현실(現實)이 안타까울 뿐이다.

　불과 몇 백년 전만 해도 우리가 살아가고 있는 지구라는 땅덩어리가 무한대(無限大)로 큰 활동무대(活動舞臺)로 보였는데 지금에 와서는 너무나 비좁다는 것을 절실히 느끼고 있다.

　드디어 한정(限定)된 지구 자원(資源)을 놓고 누가 더 큰 몫을 차지하느냐를 두고 서로 다투고 있지 않느냐. 그리고 우주(宇宙)의 원주인(原主人)은 한 분인데 각자(各自)의 신앙(信仰)과 사상(思想)이념(理念)과 종교(宗敎)가 다르다는 이유만으로서 다른 창조주(創造主)가 생겨나고 급기야는 창조주 한 분을 놓고 서로가 자기의 창조주라고 다툼을 벌이는 어리석음을 연출(演出)하고 있지 않느냐.

  이제부터는 소수민족(少數民族)들의 창조주가 아닌 80억 인류의 참된 창조주를 찾아 그분의 창조 목적(目的)과 뜻에 맞는 인류의 희망찬 미래를 열어 나가야 할 것이다.

■목차

1. 머리 말씀
2. 지옥이 없어야 하는 이유와 천지의 생성 이야기 ⋯7
3. 80억 인류에게 전해 드리는 사랑의 메시지 ⋯⋯ 23
4. 할아버지 우주정신의 존재감을 이 지구상에서 느껴볼 수 있나요? ⋯⋯⋯⋯⋯⋯⋯⋯⋯⋯⋯⋯⋯⋯⋯⋯ 23
5. 독자의 이해를 돕기 위한 물리과학의 이야기 ⋯ 29
6. 지구상에서 생존하고 있는 모든 생명체의 탄생과정 이야기 ⋯⋯⋯⋯⋯⋯⋯⋯⋯⋯⋯⋯⋯⋯⋯⋯⋯ 41
7. 할아버지는 언제부터 세상공부를 시작하셨는데요?49
8. 사람의 실체에 대한 정체성과 인성론에 대한 논의 53
9. 아인슈타인의 상대성 이론과 불교 반야심경에 대한 확대 해석 ⋯⋯⋯⋯⋯⋯⋯⋯⋯⋯⋯⋯⋯⋯⋯ 59
10. 인류가 섬기고 있는 저마다의 신앙과 종교, 사상, 이념을 내려 놓아햐 하는 이유 ⋯⋯⋯⋯⋯⋯ 67
11. 맺는 말씀

지옥이 없어야 하는 이유와
천지의 생성 이야기

1) 할아버지 지옥(地獄)이란 곳이 정말로 있는 거에요?

   결론(結論)부터 말하자면 없는 것이란다.

2) 어떻게 할아버지는 그렇게 알 수 있나요?

   그럼 지금부터 설명해 줄 테니 잘 들어 보아라.

3) 너는 누구로부터 이 세상에 와서 이렇게 할아버지와 이야기를 나누고 있지?

   엄마 아빠로부터 태어났지요

4) 그러면 엄마 아빠는 누구로부터 왔지요?

   할아버지 할머니로부터 태어났겠지요

   그래놓고 보면 우리 모두는 먼 조상(祖上)으로부터 왔겠지. 그래서 우리의 발원지(發源地)는 아득히 먼 조상이란다.

5) 이렇게 보면 이 우주(宇宙) 가운데 살고 있는 모든 생명체(生命體)는 모두가 그 발원지를 가지고 있다고 봐야 한다는 거지

6) 할아버지 제일 궁금한게 있는데요. 이 우주는 어디서

왔나요?

참 좋은 질문(質問)을 했구나.

그럼 먼저 이해하고 넘어가야 할 중요한 요점사항(要點事項)이 있는데 말이야. 이 세상은 음(陰)과 양(陽)과 오행(五行)이 조화를 이루어 만물(萬物)을 형성하는 근본(根本) 바탕을 이루고 있단다.

7) 그리고 모든 만물은 단독(單獨)으로 존재(存在) 하는 것이 아니고 쌍(雙)으로 존재하는 거란다.

8) 이 세상에는 보이는 우주가 있고 보이지 않는 우주가 있단다. 보이는 우주의 발원지는 보이지 않는 우주에서 왔다고 볼 수가 있단다.

9) **그럼 할아버지 보이지 않는 우주는 어디서 왔나요?**

그것은 우주정신(宇宙精神)에서 나왔다고 보아야지.

10) **우주정신이란 또 무엇인데요?**

우주정신이란 조물주(造物主)의 마음이란다. 그리고 우주정신이란 창조(創造)의 정신과 사랑의 정신으로 그 근본(根本) 바탕은 창조와 사랑으로 이루어져 있단다.

11) 할아버지 조물주가 누구인데요?

종교(宗敎)마다 다르게 부르고 있는데 어떤 종교에서는 창조주(創造主)라고 부르고 있지. 천지(天地)를 만드신 분이라는 뜻이지.

12) 그러면 태초(太初)에 우주가 열리기 전에는 무엇이 있었나요?

우주란 텅빈 공간(空間)이 있었단다. 그곳에는 우주정신만이 차지하고 있었다고 보아야 한다는 거지.

13) 그럼 할아버지 우주정신의 뿌리는 어디서 왔나요?

그것은 빛과 광명(光明)이란다.

14) 빛과 광명의 뿌리는요?

그것은 환희(歡喜)와 기쁨과 행복(幸福)이 넘쳐 흐르는 천국(天國)이란다. 그곳을 어떤 사람들은 극락정토(極樂淨土)이라고 하기도 하고 낙원(樂

園,paradise)이라고 부르기도 한단다.

15) 우주정신의 빛과 광명(光明)이란 단지 태양(太陽)의 빛이 비추는 밝음과는 다른 개념(槪念)이니라. 우주정신은 스스로 빛과 광명 그 자체(自體)이므로 지구물리학적(地球物理學的) 개념의 밝음이랑 전혀 다른 차원(次元)의 이야기란다.

16) 그럼 또 할아버지, 우주정신은 어떻게 우주를 탄생(誕生)시켰다고 봐야 하는지요?

음. 그게 궁극적(窮極的)인 질문이 되겠네.

17) 무궁무진(無窮無盡)한 사랑과 창조의 기운(氣運)을 바탕으로 이루어진 우주정신이란 바다 위에 신령(神靈)스러운 창조의 기운(氣運)이 돌아 문득 바람을 일으키니 파도(波濤)가 일어났다고 보아야지

18) 그럼 그 파도가 이 세상이란 말씀이에요?

그래 잘 보았다. 그렇단다.

19) 우주정신이란 광명 빛 그 자체(自體)이니라. 밝

음과 광명의 본성(本性)은 환희(歡喜)와 기쁨과 즐거움의 상징(象徵)인데 그곳에 어찌 감히 어둡고 컴컴한 하찮은 지옥이란 개념(概念)의 실체(實體)가 설 자리가 있겠느냐.

20) 우주정신에는 일점일획(一點一劃)도 어둡고 칙칙하고 고통의 신음소리로 가득찬 꾀죄죄한 지옥이란 낱말이 발 붙일 곳이 없느니라.

21) 그럼 세상 사람들은 왜 지옥이 있다고 말들 하나요?

우주에 존재하는 모든 생명체 즉 삼라만상(森羅萬象)은 우주정신의 유전자(遺傳子)를 갖고 이 세상에 왔기 때문에 창조의 능력이 대단하단다.

22) 더구나 만물의 영장(靈長)인 사람의 재능(才能)에 의해 사용(使用)된다면 그 재능(才能)은 과히 상상(想像)을 초월(超越)하겠지. 지옥의 탄생(誕生)도 그중 하나에 불과(不過)하다고 보아야지.

23) 이는 필시(必是) 우주정신의 유전자를 가지고 태어난 사람들에 의해서 탄생 되어진 이야기로 보아야지 되지 않겠느냐.

24) 우리 인류에게 필요한 것은 우주정신만 있으면 아무런 부족함이 없는데 여기에 지옥이란 개념을 덧칠해서 우주정신의 참뜻을 흐리게 해서는 안된다는 거야.

25) 그래서 지옥은 신(神)의 영역(領域)이 아니고 인간(人間)의 영역인 것이야

26) 그러므로 모든 인류는 종교(宗敎)와 신앙(信仰)과 사상(思想) 이념(理念)이 서로 달라도 우주정신의 한 자손(子孫)이니라.

27) 밝음과 어둠은 빛과 암흑(暗黑)과 같이 지구과학(地球科學的)적인 물리지식(物理知識)으로 보더라도 정반대(正反對)의 개념으로 서로 공존(共存)한다는 것은 절대적(絶對的)으로 불가능(不可能)한 관계(關係)가 아니더냐

28) 빛이 나타나면 암흑은 곧 사라지고 캄캄한 밤도 아침 해가 솟아오르면 저절로 사라지는 것과 같으니라. 그럼에도 불구하고 어찌하여 감히 우주정신과 지옥이 공존(共存)할 수 있단 말이더냐.

29) 그래서 지옥은 사람들이 만든 스토리이고 허구(虛構)인 것이다.

30) 이 세상에 있는 지구과학적인 개념의 지식(知識)으로는 알 수 있는데는 한계(限界)가 있느니라. 지식(知識)의 틀을 벗어나 지혜(智慧)의 눈으로 보아야 한단다.

31) 지혜의 능력(能力)에도 한계가 있으니 우리가 물려받은 우주정신의 유전자(遺傳子)로 접근(接近)해야 한단다.

32) 우리의 영혼(靈魂)은 언제나 우주정신과 맞닿아 있느니라. 마음의 뿌리는 영혼이고 영혼의 뿌리는 우주정신이기 때문이다.

33) 우주정신의 주파수(周波數)가 영혼의 주파수와 일치가 될 때 빛과 광명의 바다에서 헤엄도 칠 수 있단다.

34) 그러므로 인류가 지옥이란 개념을 화제(話題)로 삼는 것은 인류 스스로가 밝음을 버리고 캄캄한 굴 속으로 들어가는 격(格)이다. 스스로가 두더지가 되겠다는 모양새에 불과(不過)하단다.

35) 어린이들이 어둠 속에서 장난감을 조립(組立)할 수 없는 것과 같이 어둠 속에서는 아무것도 창조할 수 없고 사랑도 이루어질 수 없단다.

36) 지금까지의 이야기를 정리하면 이 우주에는 빛

과 광명으로 이루어진 천국, 낙원, 극락정토만이 존재할 수 있고, 빛과 광명으로 이루어진 이 세상은 우주정신 자신(自身)이 만든 우주 법칙(法則)에 따라서 마냥 그대로 끝간데 없이 있음이니라.

37) 그리고 겨울이란 긴 터널을 빠져나오면 우리가 모르는 사이에 봄이란 아름다운 신천지(新天地)가 우리 앞에 전개(展開)되어 있고 만물은 제각기 제 몫의 삶을 연출(演出)하고 있지 않더냐?

38) 우리가 알든 모르든 사이에 봄은 그렇게 우리 곁에 와 있었단다. 이 얼마나 신비스럽고 경이롭고 재미스럽지 않느냐

39) 다시 한번 정리(整理)하면 태초(太初)로 부터 지옥은 없었고 지금도 없고 이 세상이 끝날 때까지도 없는 것이란다.

40) 빛과 암흑은 공존할 수 없다는 자연법칙(自然法則) 때문에 그리고 우주정신은 자신이 만든 법칙(法則)과 영원(永遠)히 동행(同行)할 수 밖에 없느니라

41) 우주정신은 이 세상과 한 몸이기 때문이기도 하단다.

42) 광명과 암흑은 공존할 수 없다는 물리적인 자연의 법칙을 어기면서 스스로 존재가 불가능한 지옥의 존재는

43) 필시(必是) 창조주의 유전자를 가지고 태어난 사람들에 의해서 꾸며진 이야기로 보아야 한단다.

44) 이 세상의 존재 목적은 그 지향점(指向點)이 사랑과 번성(蕃盛)과 풍요(豐饒)로움과 행복이 연출(演出)되는 그런 과정이란다.

45) 우주정신에는 단 한 점의 티끌도 이를 부정(不正)하는 요소(要素)란 설 곳이 없느니라.

46) 인간의 사유력(思惟力)은 때때로 과학적이며 합리적이라서 그 재능이 끝 간데가 없어 저 우주의 지평선(地平線,가장자리) 건너편까지 뛰어넘을 수가 있고

47) 창조주의 영역(領域)까지도 닿을 수가 있단다.

48) 그러나 안타깝게도 인간에게는 이루고자 하는 지구적인 욕망과 무한대의 소유욕(所有慾)과 지배욕(支配慾)이 있다는 것이며 이런 흐름 가운데서 탄생(誕生)한 개념이 지옥이란다.

49) 그래서 지옥이란 신(神)이 만든 신의 영역(領域)이 아니고 인간이 만든 인간의 영역인 것이니라.

50) 그런고로 지옥에 대해서 두려움과 무서움은 가질 필요가 없느니라. 모두가 사람들이 만든 허상(虛像)이기 때문이니라.

51) 창조주께서도 이 아름다운 세상에서 우리와 함께 어깨동무하고 뛰어놀기도 하며 즐거운 시간을 보내면서 동행(同行)하고 있단다.

52) 우주정신에는 창조와 사랑 외는 더 이상 이루고 싶어하는 욕망과 꿈이 없느니라. 그래서 이 세상은 처음과 끝까지 창조와 사랑만이 가득 찬 곳이니라.

53) 그러나 이 대우주는 말없이 조용히 지켜보고 있

을 뿐 자기를 올바르게 이해해 주고 올바르게 사랑해 주는 사람들과는 봄 소풍도 가고, 가을 소풍도 간단다.

54) 결론은 이 대우주는 창조와 사랑의 정신으로 충만되어 있기 때문에 어둡고 으스스하고 꾀죄죄한 지옥이란 존재할 수 없는 것이다.

55) 우주정신은 볼 수도 없고 만져 볼 수 없고 마음으로 느껴볼 수도 없고 오직 물려받은 우주정신의 유전자로 우주정신과 서로 교감(交感)이 이루어져야 그 존재감(存在感)을 인지(認知)할 수가 있는 것이니라.

이렇게 된다면 정말로 경이(驚異)로운 이벤트(event) 아니겠느냐

56) 앞으로는 지옥에 겁먹지 말고 우주정신의 유전자를 간직한 영물(靈物)로서 또 우주정신으로 무장한 우주의 주인공(主人公)으로 당당하게 행복하게 만물을 사랑하며 잘 살아야 하느니라

57) 그리고 지옥은 처음부터 만들지 않았거니와 그럴 필요도 없었거니와 영원히 만들지 않을 것이란다. 어찌 빛과 광명이 어둠과 공존할 수 있다는 거야.

58) 인류가 저지른 가장 큰 실수는 지옥이란 개념을 끌어들였다는 것이다. 그리고 그들의 의도(意圖)와 목적(目的)에 맞게끔 사용해 왔다는 점이다.

59) 우주정신은 창조와 사랑이고 또한 창조와 사랑 그 자체이므로 처음과 끝이 없는 것이다.

60) 우주에 존재하는 모든 생명체는 창조와 사랑의 유전자를 가지고 태어났으며 또한 그렇게 살아가느니라.

61) 그러므로 우주정신의 유전자(遺傳子)를 가진 존재물은 모두 창조와 사랑 그 자체이므로 우주정신과 일심동체(一心同體) 이므로 우주정신과 하나인 것이다.

62) 그래서 내가 곧 우주정신임을 모르고 살아가는 우리의 현실이 서글프다는 것이다.

63) 이제부터는 우리 모두가 곧 우주정신이란 사실을 깨달아야 하며 이렇게 되면 더 이상 사물과 우주(宇宙) 현상(現想)에 대한 의문을 가질 필요도 없고 보이는 우주의 세계와 그 지평선을 넘어 보이지 않는 우주의 발원지도 알았으니 비로소 우리의 공부를 마칠 수가 있느니라.

64) 모든 피조물은 생명 활동이 끝나면 어디로 가나요?

모든 피조물은 자기가 온 발원지 즉 고향으로 가기를 소망(所望)하고 있단다. 그곳은 빛과 광명과 사랑으로 충만되어진 우주정신의 세계 내지는 천국이란다. 이곳에서는 우리 피조물들이 오기를 기다리고 있단다.

65) 우주정신은 오직 창조와 사랑의 요소로서 창조도 사랑 없이는 이루어질 수 없는거지. 창조란 사랑의 설계대로 이루어지고 사랑 또한 창조를 이룩함으로써 자신의 존재 의미를 스스로 갖는 것이니라.

66) 그래서 창조도 혼자만으로는 이룰 수 없고 사랑의 설계도를 필요로 하는 거지.

67) 그러므로 우주정신의 뿌리도 사랑이고 우주의 최고(最高) 정점(頂點), 출발점 내지는 발원지도 사랑만으로 충만되어 있단다.

68) 모든 우리 피조물들은 우주정신의 발원지를 찾아갈 수 있도록 인도되어야 한단다. 이 길은 개인이나 국가나 단체가 어떤 목적으로 사유화 내지는 국유화할 수 없는 것이다.

69) 왜냐하면 마치 허공(虛空)을 자기 소유권이라고 주장하는 것과 같아서 이것은 어떤 국가나 단체나 개인의 소유물이 아니고 우리 피조물 모두의 것이기 때문이다.

80억 인류에게 전해 드리는
사랑의 메시지

할아버지 우주정신의 존재감을
이 지구상에서 느껴볼 수 있나요?

70) 그리고 80억 인류에게 전해드릴 중요한 사랑의 메시지가 있는데 잘 들어 보렴.

인간은 지옥의 노예(奴隷)가 아니고 자유인(自由人)이다. 그리고 태어나면서부터 천국(天國)의 시민권(市民權)을 부여(附與)받은 피조물(被造物)이라는 사실을 명심하고 살아가야 하느니라.

71) 할아버지 우주정신의 존재감을 이 지구상에서 느껴 볼 수 있나요?

72) 그렇게 어렵지 않단다.

첫째, 태양(太陽)과 알맞은 거리를 두고 놓여있는 지구를 보라. 중심축(中心軸)에서 약간 기울게 해서 태양 주위를 돌게 해서 사계절(四季節)을 만들고 태양으로부터 엄청난 에너지를 받아들이게 만들어 지구에 존재하는 모든 피조물들에게 생명의 싹을 띄워주고 자라게 해서 열매를 맺게 하고 또 그 다음 세대를 낳게 하고 세세 대대로 이어가게 하는 창조와 사랑의 우주정신을 보아라.

73) 그리고 힘차게 떠오르는 아침 해를 보라. 그리고 황홀(恍惚)하게 채색되어가는 아름다운 저녁노을을 보라. 그리고 광대무변(廣大無邊)한 밤하늘에 촘촘히 박혀있는 무수한 별들을 보라. 숨이 막힐 정도로 외경(畏敬)스러운 기운이 우주정신의 표현(表現)이니라.

74) 소낙비가 내린 뒤에 모습을 드러내 보이는 무지개를 보라. 우주정신의 반가운 미소로 보이지 아니하더냐? 또 있단다.

75) 바다와 강으로부터 물을 걷어올려 구름을 만들고 필요할 때 비를 내리게 해서 지구상의 수많은 동물, 식물들을 먹여 살리고 풍요(豊饒)로움을 만들어 주고 있지 않느냐.

76) 이렇게 끝이 없는 대순환(大循環) 과정을 통해서 지구라는 행성(行星)을 살아있는 푸른 별로 빛나게 만들어 가고 있음을 보라.

77) 이런 현상들은 창조와 사랑의 우주정신만이 이루어낼 수 있는 오묘한 자연의 이치(理致)가 아니겠

느냐. 하나만 더 들어 보기로 하자.

78) 뻘밭에서 조용히 생명을 열어 물 위로 얼굴을 내밀고 있는 연꽃을 보라. 꽃잎을 조심스럽게 살짝 열어보렴. 그 속에 담겨져 있는 온 우주의 정기(精氣)를 느껴보렴. 성스럽지 아니하더냐. 색깔은 어찌 그리도 고운지. 우주정신은 그곳에서 때때로 잠깐 쉬고 계신단다.

79) 자 이제는 숲속으로 가보자. 튼튼하게 잘 만들어진 둥지 속에서 어미새의 무한한 사랑 속에서 잘 자라고 있는 새끼들을 보라. 그리고 하늘과 땅의 기운을 받아 튼튼히 뿌리 내리고 하늘 높이 솟아 잘 자란 아름드리 소나무를 안아 보아라.

80) 그리고 푸른 하늘을 배경(背景)으로 피어오른 하얀 뭉게구름을 보라. 바닷가 백사장(白沙場)을 걸으면서 들여오는 파도 소리를 들어 보렴. 또 낙엽이 떨어지고 있는 한적(閑寂)한 숲속을 걸어보라. 가을 들판의 잘 익은 곡식들과 풍성한 뭇 과일 등이 모두는 우주정신이 만들어낸 것들이란다.

81) 여름날 솔밭에 누워 있으면 솔잎 사이로 산들바람이 지나가면서 만들어내는 솨 하는 솔바람 소리, 봄날에 들판을 거닐면 느껴져 오는 온화하고 따스한 봄의 기운을 체험해 보렴. 또 잔잔한 강물 위로 돛단배 노를 저어 가는 어부의 한가(閑暇)한 모습을 보라.

82) 겨울철에 흰 눈이 온 천지를 뒤덮어 만든 고요한 설경(雪徑)을 보라. 이른 아침에 숲속을 거닐어 보라. 풀잎 끝에 맺혀있는 이슬방울들이 햇빛을 산란(散亂)시켜 영롱(玲瓏)하게 빛나고 있을 것이다.

83) 늦은 가을날에 도토리를 볼이 터져라고 한입 물고 분주히 숨길 곳을 찾고 있는 다람쥐를 보라. 깊어가는 가을밤에 돌담 밑에서 들려오는 귀뚜라미의 애절한 울음소리와 가을하늘 만리장천을 날아가는 기러기의 울음소리를 들어 보렴.

84) 캄캄한 그믐밤을 환하게 밝게 비춰주는 보름달과 달무리를 보라. 시골 마을 논 한구석에 모여 힘차

게 울어대는 개구리들의 대합창(大合唱)을 들어 보렴. 나른한 봄날에 저 멀리서 아련히 피어오르는 아지랑이를 보라.

85) 눈 오는 겨울날 장독대 위에 흰 눈이 소록소록 내려 쌓이는 소리를 들어 보렴. 초가집 지붕 끝에서 떨어지는 낙숫물 소리를 들어 보렴. 가을 들녘에 잘 익은 오곡들이 가을바람에 서로 몸을 부대끼며 사각사각 내는 소리도 들어 보고 그 속에서 뛰어노는 곤충들을 보라. 또 여기저기 땅속에서 울어대는 맹꽁이들의 울음소리도 들어 보렴.

86) 이제는 만져보고 싶느냐? 들판에서 일하고 있는 소의 등을 만져보렴. 그리고 어린 강아지의 등을 쓰다듬어 보렴. 엄마 따라 먹이를 쪼고 있는 어린 병아리들을 조심스럽게 만져보렴. 또 잘 익은 사과와 포도송이를 만져보렴. 그리고 성당의 종소리, 교회의 기도 소리, 한적한 절간의 스님들의 낭랑한 염불(念佛)소리, 달밤에 저 멀리서 들려오는 애잔한 피리 소리, 독 짓는 늙은이의 이마에서 흘

독자의 이해를 돕기 위한
물리과학의 이야기

러내리는 땀방울을 보라. 어미소의 젖을 찾는 배고픈 송아지의 울음소리를 들어보렴.

87) 그리고 남반부(南半部)에서 북반부(北半部)까지 긴 여정을 왕래하고 있는 고래들을 보라. 머나먼 태평양(太平洋)까지 회유(回遊)하고 처음 산란지(産卵池)를 정확하게 찾아오는 연어를 보라. 이 모두가 창조와 사랑의 정신으로 이루어진 우주정신의 보살핌과 그 유전자를 갖고 태어난 피조물의 놀라운 창조와 사랑의 힘이 보태져서 가능(可能)한 일들이 아니겠느냐.

88) 지금부터는 지구물리학(地球物理學) 이야기를 좀 하고 넘어가자.

지구물리학을 모르면서 우주현상을 이해한다고 말할 수 없느니라. 지금까지 과학자들만이 알고 있는 놀랍고 신기한 과학지식을 터득(攄得)해야 하느니라

89) 보이지 않는 땅 속에서 일어나고 있는 일들을 잘 알아두어야 한단다.

우리가 일상에서 늘 잊고 관심없이 놓치고 있는 가장 중요한 지구물리학 지식(智識)과 지구과학적(地球科學的) 이론(理論)들과 그 속에 숨어있는 흥미진진한 지구물리학에서 나오는 이야기인데 한번 잘 들어 보렴.

90) 지구 중심부에 액체상태(液體常態)의 외핵(外核)을 만들고 자전(自轉)캐 하여 자구 자기장(磁氣場)을 만들어 우주로부터 쏟아져 들어오는 치명적인 방사선(放射線)과 태양풍(太陽風)을 막아내어 지구의 생명체(生命體)들의 생존(生存)을 가능케 하는 방어막(防禦幕) 내지는 지구를 지키는 튼튼한 방패막(防牌)幕)이 역할(役割)을 하게 한다는 거지.

91) 그리고 중력(重力)과 인력(引力)을 만들어 대기(大氣)를 지구 밖으로 흩어지지 않게 대기권(大氣圈) 안으로 가두어 두고 바닷물도 지구 품에서 놓치지 않게 붙잡아 두는 놀라운 우주정신의 조화(調和)를 보아라. 또 있단다.

92) 달을 지구와 알맞은 거리에 띄워 놓고 인력을 작동(作動)시켜 바닷물을 쉴 새 없이 움직이게 만들어 살아있게 하고

93) 대기(大氣)도 지구의 경사면(傾斜面)에 따라 태양으로부터 오는 에너지의 고저(高低)에 따라서 쉴 새 없는 대기의 흐름을 만들어 공기(空氣)도 살아있게 만들고 때때로 산들바람과 태풍(太風)을 일으켜 건강(健康)한 대기를 유지(維持) 시킨단다.

94) 물과 공기는 흐르지 않고 정체(停滯)되면 변이(變異)가 발생(發生)하여 제 구실을 못하게 된다는 자연의 법칙(法則)도 알아두어야 하느니라.

95) 그리고 모든 물질(物質)의 기본 단위(單位)인 원자(原子)의 세계를 들여다보면 핵을 중심으로 그 주위를 전자(電子)가 돌고 있단다. 그래서 지구상에 존재하는 모든 물질은 진동(震動)한다고 보아야 한다는 것이지. 이렇게 하여 만물을 살아있게 만드는 조물주의 신묘한 섭리(攝理)도 배워 깨우쳐야 한다는 거지.

96) 그리고 중력과 인력의 작용(作用)에 의해서 지구도 태양계도 지금의 모양새를 유지하고 있고 더 나아가서 은하계(銀河系)도 눈으로 볼 수 있는 온 우주도 지금의 이 형태(形態)를 유지할 수 있는 거란다.

97) 만약에 중력과 인력이 사라진다면 지구를 포함해서 온 우주가 무너져 내린다고 보아야 한단다. 우리는 여기서 또 한 번 더 정말 놀랍고 신묘한 우주 정신의 창조와 사랑의 힘이 얼마나 위대한지 알고 무한한 감사를 드려야 하느니라.

98) 이 우주에 존재하는 그 어떤 물질도 살아서 숨 쉬고 있단다. 우리가 숨을 쉬고 있는 공기도 그냥 구성성분(構成成分)의 원소(元素)가 모여있는 것이 아니고 그 자체(自體)로 살아있는 물질이라는 것이지. 바닷물도 살아있기 때문에 물고기가 살 수 있는 거지. 지구의 땅속에 있는 흙과 바위, 돌 등 모든 물질도 살아 진동(振動)하고 있단다.

99) 심지어 과학자들이 말하는 암흑물질(暗黑物質,

Dark matter)도 살아있다는 것이지 암흑물질의 역할(役割)을 살펴보면 우주의 형틀 즉 지금의 형체(形體)를 유지(維持) 내지는 상주(常住)가 가능하게끔 떠받치고 있는 뼈대의 역할(役割)과 성운(星雲) 간의 충돌을 막아주는 완충지대(緩衝地帶)의 역할 등 참으로 중요한 일들을 하고 있다고 보아야지.

나무들도 살아있는 공기를 호흡하고 있고 온 우주가 그냥 존재하는 것이 아니고 살아있는 개체(個體)들로 존재하고 있다는 것이지. 다시 말해서 모든 물질은 세 가지 형태들로 존재하는 방식(方式)을 취하는데 모두가 외형(外形)은 고체(固體), 액체(液體), 기체(氣體)로서 달라도 생명력(生命力)을 갖춘 물질 내지는 물체라는 것이지. 더구나 참으로 신기한 것은 태양은 말이다. 이 세 가지 형태를 완전히 벗어나 프라즈마(Plasma)라는 제4의 물질로 되어 있단다.

100) 여기서도 우리는 우주정신의 창조의 힘이 얼마

나 위대한지 알 수 있단다.

101) 물고기가 바다에서 살고 있는데 그냥 바닷물을 쉴 새 없이 마시고 내뱉으니 살아가는 것 아니고 바닷물도 그냥 바닷물이 아니고 살아있는 생명체로 보아야 한단다. 바위, 흙도 그 자체로 살아 진동하는 생명체 물질이라는 것이지.

102) 그래서 이 우주 전체는 살아있는 생명력을 갖춘 물질로 가득 차 있는 것이란다. 그리고 빛도 그냥 양자(光量子, photon)나 전자파(電磁氣波, electromagnetic wave)의 흐름이 아니고 생명력을 갖추고 있는 살아있는 물질로 보아야 한단다.

103) 그래서 우주정신의 본성(本性)은 끊임없는 생명체의 재창조(再創造)와 그것을 키우는데 사랑과 자비의 에너지를 끊임없이 불어놓고 있지.

104) 이럴진대 어찌 우주정신이 그 본성을 오염(汚染)시키는 어둡고 칙칙하고 하찮은 고통(苦痛)의 도가니를 만들어 낼 수 있다고 보겠느냐.

105) 아무리 미미한 생명체 하나라도 그것을 탄생시

키기 위해서 우주정신은 온 우주의 기(氣)를 다 모아 정성(精誠)을 다하여 빚어내고 있단다. 우주정신에 위배(違背)되는 그 어떤 피조물도 이 우주 안에는 발 붙일 곳이 없단다.

106) 그리고 우주정신은 창조와 사랑이고 빛과 광명 그 자체이므로 우주는 빛과 광명으로 가득차 있기 때문에 우주정신에 반(反)하는 어둡고 으시시하고 좀스럽고 꾀죄죄하게 자기가 만든 피조물을 끝없이 괴롭히는 그런 지옥이 기생(寄生)할 곳이란 없는 거란다.

107) 만약 우주정신에 하자(瑕疵)가 생긴다던지 오염(汚染)이 된다면 우주를 탄생시킬 수 없는거지. 왜냐하면 두 가지 요소가 혼합이 되면 우주를 만들 필요성이 없어지는 거지. 그리고 창조와 사랑의 정신이 제대로 작동이 될 수 없게 되고 또 그렇게 되면 우주 자체가 생겨날 수 없게 되는 거지.

108) 왜냐하면 우주 삼라만상은 광명과 빛 가운데서

창조와 사랑의 정신에서 말미암아 탄생 되어진 것이므로 이 정신에 반(反)하는 것은 그 어떤 것도 있을 수 없고

109) 특히나 고통(苦痛)의 상징(象徵)인 지옥이란 더 이상 논쟁(論爭)의 대상(對象)이 될 수 없는 것이니라.

우주란 터전도 살아있는 물질로 뼈대를 이루고 있고 그 속에서 생명 활동을 하고 있는 모든 피조물인 생명체도 살아 숨을 쉬고 있는 물질로 구성되어 있어 겉과 속이 끝이 없는 생명의 고리로 이어져 있어 현상세계를 만들어내는 대합주곡(大合奏曲)을 연출하고 있는 것이다. 우리는 수많은 대합주곡을 감상하며 살아가고 있는 것이니라.

이런 생명체의 세계 가운데 비생명체(非生命體) 즉 이물질(異物質)은 동화(同化)되지 못하고 들어설 자리가 없는 것이다. 그것이 바로 지옥인 것으로 보아 마땅한 것이니라.

우수를 거인(巨人)에 비유(比喩)한다면 몸과 마

음을 음과 양으로 볼 수가 있고 보이는 우주와 보이지 않는 우주가 양쪽 팔 다리의 역할(役割)을 함으로서 온당히 설 수가 있고 자기 몸을 지탱(支撑)하고 유지(維持) 할 수가 있고, 마음만 먹으면 걸을 수도 있단다.

그 마음은 우주정신이 자리잡고 있다고 보아야지. 우주란 거인도 우리와 같이 육체(肉體)와 정신으로 나누어 볼 수도 있단다. 그래서 몸체는 성주괴멸(成住壞滅)의 자연섭리대로 가는 것이니라. 그러므로 우주란 몸체도 끊임없이 탄생기(誕生期), 청년기(靑年期), 노년기(老年期)를 지나 성주괴멸(成住壞滅)의 길을 가게 되는 것이니라.

110) 이 세상에 존재하는 모든 종교의 뿌리는 우주정신인 것으로 보아야 한다. 지고지순(至高至純)한 우주정신을 어떤 말로 표현할 수 있겠느냐. 저 높은 우주정신은 저만치 있는데 거기까지 생각이 미치지 못한 인류가 만들어낸 실물이 아닌

허상이 곧 지옥이니라.

111) 인간은 종교와 그 유사(類似)한 집단(集團)을 수없이 만들어 낼 수는 있어도 우주정신은 만들 수가 없느니라. 빛과 광명으로 가득찬 우주정신은 어둡고 으스스하고 무섭고 꾀죄죄한 그런 곳 지옥을 만들지 않느니라.

112) 다시 한번 더 강조하지만, 지금부터는 인류가 섬기고 있는 저마다의 민족 신앙과 사상이념 등은 모두 내려놓아야 하느니라.

113) 그것들은 모두 우주정신에서 출발한 것이 아니고 저마다의 이익과 자기 민족만의 안녕(安寧)을 도모하기 위해서 만든 것이기 때문이다. 우주의 생성 과정을 순서대로 보면 갓 만들어진 우주를 태초라고 보통 말하지. 그러면 태초 이전에는 무엇이 있었느냐는 문제도 알았고 이제 모두 풀렸으니

114) 마치 즐거운 소풍날처럼 콧노래 부르고 들판을 뛰어놀면 되는 거지. 산새들의 지저귐과 온갖 산

지구상에서 생존하고 있는 모든 생명체의 탄생과정 이야기유화의 향기도 맡으며 흰 구름은 흐르고 푸른 하늘은 활짝 열려있는 이곳이 천국이고 낙원이고 극락정토가 되는 거지.

115) 이 낙원에서 우리 인류는 모두 손잡고 평화스럽게 행복하게 세세토록 살면 되는 거지.

116) **지구상에 생존하고 있는 모든 생명체의 탄생과정을 맨 처음부터 듣고 싶은데요.**

씨앗 하나를 땅에 심으면 그냥 싹이 터서 자라고 식물이 되는 것이 아니니라. 거기에는 하늘과 땅의 지구적인 자연조건 즉 물과 햇빛과 적당한 온도와 공기만 있으면 된다고 사람들은 지금까지 알고 있지만

117) 거기에는 태양계를 벗어난 은하계의 에너지 뿐만 아니라 더 넓은 우주의 기운도 보태야 식물로서 자라서 끝내는 열매를 맺어 다음 세대로까지 연결되어 끝없는 재생산이 이루어져 셀 수 없도록 수많은 종류의 생명체로 행사하게 된단다. 또 있느니라.

118) 여기에 또한 물건이 더 와서 힘을 보태어 주어야 되지. 그것은 우주 밖에서 보이지 않는 우리가 감지하지 못하는 보이는 우주적 차원을 벗어난 보이지 않는 우주의 신령스러운 에너지가 보내져야 비로소 한 생명체로서 활동이 가능하고 생노병사(生老病死)의 한 싸이클이 완성(完成)되어 원만(圓滿)한 동물, 식물로서 존재할 수 있는 것이니라.

119) 그래서 모든 피조물은 온 우주의 정기가 녹아있는 각기 독립된 개체(個體)로서 작은 우주 그 자체이니라.

120) 또한 참으로 신묘한 일은 우리가 눈으로 볼 수 있는 이 우주에서 자기의 모습을 드러내고 이미 생명 활동을 하고 있는 그 어떤 물체도 스스로 자신을 만들어낼 수가 없다는 것이다. 반드시 만들어 주는 자에 의해서 만들어진 만물상(萬物相)들이라는 사실이다.

121) 그래서 피조물은 피조물 자신을 만들 수 없고 생명 활동이 끝나는 날에는 자신을 만들어 준 조물주의 품으로 돌아가는 것이 순리에 맞는 위대한 대자연의 섭리(攝理)인 것이니라.

122) 그리고 온 우주를 둘러싸고 있는 신령스러운 기운이 있어 보이는 우주를 숨을 쉬게 하고 살아있게 하고 차례로 은하계도 숨을 쉬게 하고 태양계도 숨을 쉬게 하고 지구도 숨을 쉬게 하고 이윽고 작은 씨앗에게도 숨을 쉬게 하고

123) 태어난 모든 동식물 등 병아리, 송아지, 비둘기, 갓난 애기 등도 그렇게 숨 쉬게 하고 소나무, 장미꽃, 들국화도 숨 쉬게 하고 살아가게 한단다.

어릴진대 어찌 한 생명체라도 가벼이 여기고 함부로 죽일 수가 있겠느냐. 잘 명심(銘心)해 두어야 하느니라.

124) 지구(地球)의 모든 생명체는 단순히 물, 공기, 빛 등의 지구적(地球的) 조건만으로 생노병사(生老病死)의 순리(順理)를 밟는 것이 아니고 이렇게

겹겹이 쌓여 있는 우주적인 에너지의 도움으로 가능하단다.

125) 그래서 한 생명체의 태어남은 지구적인 이벤트(Event)가 아니고 우주적인 빅이벤트(Big event)가 되는 거란다.

126) 그리고 동물, 식물들은 그 형태로만 본다면 각각(各各)의 몸체를 이루고 있는 필요(必要)한 원소(元素)의 집합체(集合體)로만 볼 수도 있지.

127) 또 동물도 식물도 각각의 음양오행(陰陽五行)의 기운이 모여 생명체의 출발점을 만들지.

128) 여기에 문제점이 숨어있지. 단순히 생명현상(生命現狀)을 일으킬 수 있는 물질(物質)들로만 모여 있다면 그것은 그냥 흔히 볼 수 있는 물질의 뭉치에 불과(不過)하지.

129) 여기에 우리가 알지 못하는 신령(神靈)스러운 생명(生命)의 기운(氣運)을 불어넣는 순간(瞬間) 세포분열(細胞分裂)이 시작되어 생명의 싹이 터

서 각각의 동물, 식물의 모양새를 갖추고

130) 이 지구(地球)상에서 입지(立地)가 가능하고 생로병사(生老病死)의 순환(循環) 고리를 타고 세세(世世) 대대(代代)로 이어져 왔고 또 이어져 가고 있는 것이니라.

131) 여기서 말하는 생명의 기운(氣運)은 보이는 우주를 둘러싸고 있는 보이지 않는 우주에서 왔다고 보아야 하느니라. 다시 말해서 제일 중요한 핵심 포인트는 누가 그 생명의 기운을 터치 내지는 불어넣어 주느냐가 문제로 남겠지

132) 왜냐하면 보이는 우주의 에너지만으로는 부족(不足)하고 보이지 않는 우주의 에너지가 필요하기 때문이다.

133) 여기서 우리는 위대한 조물주의 창조 정신과 사랑의 정신에 다함이 없는 감사(感謝)를 드려야 하느니라.

134) 이제는 우주정신으로부터 보내져 오는 사랑의 메

할아버지는 언제부터
세상공부를 시작하셨는데요?

시지를 80억 인류에게 한번 더 전해드리며 이야기를 마치고자 한단다. 다시 한번 잘 들어 보렴.

135) 인간은 지옥의 노예(奴隸)가 아니고 자유인(自由人)이다. 또한 인간은 태어나면서부터 천국의 시민권(市民權)을 부여(附與)받은 피조물(被造物)이라는 사실을 명심(銘心)하고 살아가야 하느니라.

136) 그런데요 할아버지는 언제부터 세상 공부를 시작하셨는데요?

그게 말이야, 할아버지의 고향은 첩첩산중 두메산골 동네였단다.

할아버지가 일곱 살 되던 해에 너의 고조할아버지의 손에 이끌려 15리 밖에 떨어져 있던 읍내 초등학교에 입학하던 날부터 시작되었지. 산골 동네 어린이에게는 처음으로 집과 마을을 벗어나 세상과의 첫 만남이 이루어졌던 날이기도 하지.

그때 할아버지에게 비춰진 세상의 모습은 정말정

말 신기하고 놀라웠단다. 우리 가족과 이웃 사람들 말고도 이렇게 많은 사람들이 살고 있고 넓은 운동장과 큰 학교 건물과 어디서 그렇게 많은 또래 아이들이 모였는지.

이때부터 학교 공부는 등한시하고 나 혼자만의 세상 공부를 시작해서 지금까지 단 한 번도 놓아 본 적이 없단다.

137) 지금까지의 이야기는 할아버지가 평생동안 명상과 기도와 관찰을 통해서 터득한 작은 생각들의 모음을 너에게 전해 준 것이다.

이 모든 것은 할아버지의 개인적이고 주관적인 생각들이기 때문에 아직 세상 사람들로부터 공인받고 증명된 것이 아니기 때문에 오류(誤謬)나 엉터리일 수도 있다는 점을 참고(參考)해야 한다.

138) 너도 어른이 되면 오늘의 이야기를 비판할 수 있고 너의 생각을 세상에 내놓을 수가 있느니라.

사람의 실체에 대한 정체성과 인성론에 대한 논의

더 많은 세상 공부를 해서 너 나름대로 정리가 되면 그게 너의 작은 주장이 되고 너의 손자에게도 오늘처럼 이야기해 줄 수 있단다.

139) 이제는 사람의 실체(實體)에 대한 이해(理解)를 돕기 위해서 사람의 정체성(正體性)과 인성론(人性論)에 대해서 논의(論議)를 해 보도록 하자.

우선은 생명의 세 기둥인 정기신(精氣神)으로 이루어져 있는 정신과 육체(肉體)로 나누어 보도록 하자.

사람의 정신은 머리 부분에만 상존(常存)하는 것으로 보기 쉽지만, 결코 그렇지가 아니하고 온몸을 머리털에서부터 발가락 끝까지 태어나면서부터 생(生)을 마칠 때까지 통제(統制) 조정(調整)하는 가장 중요한 역할(役割)을 담당(擔當)하게 되는거지.

140) 사람의 몸을 구성하고 있는 세포의 숫자는 학자(學者)마다 차이(差異)가 있지만 과히 천문학적(天文學的)인 숫자로 봐야지.

그 많은 식구(食口)들을 한 점의 오차(誤差)도 없이 일생(一生)동안 지휘감독(指揮監督) 한다고 보아야지.

기술적(技術的)인 방법(方法)은 신경계통(神經系統, Nervous system)의 조직망(組織網)을 통해서 일사불란(一絲不亂)하게 운용하고 있단다.

사람의 몸체는 정기신의 상호작용(相互作用)에 의해서 오장육부(五臟六腑)의 각 장기(臟器)도 상호보완작용(相互補完作用)으로 원활(圓滑)한 신진대사(新陳代謝)를 이루어내고 건강(健康)한 생명활동(生命活動)을 가능(可能)하게 한단다.

141) 이어서 항상성(恒常性) 이야기를 좀 해 보도록 하자.

대부분의 사람들은 생명체는 음양오행 상호작용과 정기신의 생명의 세 기둥만 있으면 생존하는데 아무런 지장이 없는 것으로 알고 있지만 결코 그렇지가 않단다.

모든 생명체의 생리작용(生理作用) 중에서 참으로 놀라울 정도로 신묘한 항상성이란 기능(技能)이 있단다.

생명체의 생명현상을 순조롭게 유지시켜주는 성질(性質)인데 생명체가 여러 가지 환경(環境) 변화(變化)에 순응(順應)해서 생명현상(生命現像)의 연속성(連續性)이 완벽(完璧)하게 일어날 수 있도록 일정한 상태(狀態)를 항상 균등(均等)하게 보존(保存)하게 하는 시스템(System)이란다. 이 역시 우주정신의 빛나는 창조의 힘이 아니겠느냐.

142) 그 다음으로 유학(儒學)에서 많이 거론(擧論)되고 있는 사람의 본성(本性)에 대해서도 좀 숙지(熟知)하고 있어야지. 그러면 유학에서 많이 담론(談論)되고 있는 인성론(人性論)에서 일목요연(一目瞭然)하게 서술(敍述)되고 있는 요점사항(要點事項)들을 들어보렴.

사람의 본성을 열어놓고 보면 양면성(兩面性)이

보인다는 것이지.

그 하나는 성선설(性善說)이고 그 다음은 성악설(性惡說)이라고 해서 인간의 본성은 뚜렷이 양면성을 동시(同時)에 가지고 있어.

어느 때는 착한 면을 보이다가도 어느 때는 그와 반대(反對)의 심성(心性)을 보인다는 것이지.

먼저 착한 덕성(德性)에서 나오는 사단(四端)을 열거(列擧)해 보면 측은지심(惻隱之心)이라 해서 아이가 우물가에 놀다가 우물 안으로 빠지려는 순간(瞬間)을 보면 누구라도 아기의 손을 잡아 안전(安全)한 곳으로 옮겨 놓는다는 것이지.

그 다음 수오지심(羞惡之心)이란 자기의 옳지 못한 점을 미워하는 마음과 남의 잘못을 미워하는 마음이지.

그 다음은 사양지심(辭讓之心)인데 겸손(謙遜)하여서 주는 것을 받지 아니하고 남에게 양보(讓步)하는 마음이지.

맹자(孟子)는 이를 일러 예(禮)의 근본(根本)으로

아인슈타인의 상대성 이론과 불교 반야심경에 대한 확대 해석

보았지.

마지막으로 시비지심(是非之心)이란 사물의 옳고 그름을 판단(判斷)하는 마음이라 했느니라.

이 모두는 인의예지(仁義禮智)의 착한 본성(本性)에서 나오는 따뜻한 마음이라는 것이지.

다음은 칠정(七情)에 대해서 논(論)해 보자.

희노애구애오욕(喜怒哀懼愛惡欲)으로서 인간의 본성이 살아가면서 세상사(世上事)에 접하면서 발로(發露)되는 감정(感情)을 말하는 것이니라.

이로써 동양의 현인(賢人)들이 바라본 인간의 본성과 인성론(人性論)을 잠시 들여다보았느니라.

사람의 정신과 본성은 곧 영혼(靈魂)이요 영혼은 우주정신과 한 몸이기 때문에 생명의 3보(寶)인 정기신도 곧 우주정신이니라.

143) 끝으로 유명한 아인슈타인(Albert Einstein)의 상대성이론(相對性理論)에서 도출(導出)된 에너지(Energy)와 질량(質量)의 상호관계(相互關係)를 보면 질량(質量)을 가진 물질(物質)은

언제든지

에너지로 변환(變換)이 된다는 이론(理論)이지. 그 공식(公式)을 보면 에너지는 질량 곱하기 광속(光束)의 제곱($E=mc^2$)이지.

그러므로 적은 질량의 물질(物質)이라도 광속의 제곱이 있어 엄청난 큰 에너지를 발산(發散)할 수 있다는 이론이지.

이를 물질과 에너지의 등가(等價) 원리(原理)로 설명하는 사람도 있단다.

그리고 할아버지의 생각으로는 말이야 이 공식을 확대(擴大) 해석(解釋)해 보면 참 재미가 있을 것 같아.

이 공식의 에너지 자리에 저승(저乘)과 질량 자리에 이승(이乘)을 대입(代入)시켜 보면 어떨까 싶어.

또 에너지 자리에 무(無)를 대입시키고 질량의 자리에 유(有)를 대입시키고 에너지 자리에 공(公) 사상(思想)을 질량 자리에 색(色) 사상을 대입시켜 보면 어떨까.

또 에너지 자리에 보이지 않는 우주를 질량 자리에 보이는 우주를 대입시켜 보면 참 흥미로운 일이 될 것 같아.

그리고 신기(神技)한 불교(佛敎)철학(哲學)에서 회자(膾炙)되고 있는 반야심경(般若心經)의 핵심(核心)사상(事象)인 색즉시공(色卽是空), 공즉시색(空卽是色)이라는 태양(太陽)보다 더 밝은 광명의 빛을 속세(俗世)의 어둠 속을 헤매고 있는 세상 사람들에게 불교(佛敎) 용어(用語)로는 미혹(迷惑)한 중생(衆生)들이라고 부르고 있지.

이들에게 밝은 진리의 광명을 주셨으니 무엇으로 감사(感謝)를 드려야 되겠느냐

공과 색은 말이야 눈에 보이는 현상(現像)세계의 만물상들에게 모두 해당되는 거지.

다시 말해서 물질(物質) 세계(世界) 와 비물질세계를 총칭(總稱)한다고 보면 되지.

공은 말이야 물질세계들 에워싸고 있는 공간(空間)이라고 볼 수도 있는 거지.

공간이라고 해서 그냥 텅 비어있는 허공(虛空)이 아니고, 에너지라는 물질이 그 자리를 채우고 있다고 보아야지.

할아버지가 설명해 주었던 보이는 우주 세계와 보이지 않는 우주 세계를 대비(對比)해서 깊이 생각해 보렴.

공과 색은 서로 에너지를 공유(共有)하면서 현상(現像)세계(世界)를 유지(維持) 내지는 그 속에 있는 만물상들의 생명(生命) 활동(活動)을 계속할 수 있게 하는 거지.

144) 그리고 또 말이야 미생물(微生物) 세계(世界)를 들여다보면은 바이러스(Virus)라는 병원체(病原體)가 있는데 이것은 DAN와 RNA를 유전체(遺傳體, Dielectric material)로 가지고 있단다.

그 크기가 워낙 작아서 색의 세계와 공의 세계를 자유(自由)로이 변환(變換)하고 있는 것으로 밝

혀지기도 한단다.

한번더 강조한다면 색과 공의 세계는 할아버지가 이야기해 주었던 보이는 우주와 보이지 않는 우주와 비교(比較)해서 잘 생각해 보면 재미있는 유사(類似)한 결론(結論)을 얻을 수 있을 것으로 생각되어 진단다.

또 불교철학에서 말하는 삼천대천(三千大千) 세계의 개념도 할아버지가 설명해 주었던 보이는 우주 세계와 보이지 않는 우주 세계의 개념 가운데로 어긋남이 없이 들어올 수가 있느니라.

그리고 반야의 지혜(智慧)도 우주정신에 포함될 수 있느니라. 이래저래 우리 인류는 우주정신께서 만들어주신 경이(驚異)롭고 신묘(神妙)한 세상에서 살아갈 수 있는 것을 크나큰 행복으로 새기고 다함이 없는 감사(感謝)를 드려야 하지 않겠느냐.

145) 이제는 이론(理論)과 실증(實證)을 겸비(兼備)하고 잇는 현대물리학자(現代物理學者)들의 주

장(主張)을 들어 보기로 하자.

그 중에서 가장 빛나는 연구업적(研究業績) 중에 하나는 우주생성과정(宇宙生成過程)을 설명(說明)해 주는 이론이 있는데 빅뱅(Big Bang)이란 이론이 있는데 들어보렴.

이 우주가 탄생하는 원리를 가장 과학적으로 설명해 주는 것 중에 하나로 보아야지.

우주가 탄생하기 바로 직전(直前)에 아주 작고 뜨거웠던 초기상태(初期狀態)의 특이점(特異點, Singularity, Singular point)이 있어 137억 년 전에 대폭발(大爆發)로 인(因)해서 우주가 탄생되었다는 가설(假說)로서 그것도 $10^{-\frac{1}{23}}$ 초 동안에 일어났으며 그 이후 계속 팽창(膨脹)하고 있다는 우주 팽창설이라는 것도 있단다.

이것은 허블(Edwin Powell Hubble) 망원경(望遠鏡)으로 증명(證明)되고 있는 이론 중에 하나라는 것이지.

정상(定常) 우주론(宇宙論)과 대치(對峙)되는 우

주탄생이론이지만 우주가 한 점(點)에 가까울 정도로 작고 뜨거웠던 원시상태(原始狀態)의 특이점에서 발원(發源)한 빅뱅으로 인(因)해 탄생되어진 그것도 끝없는 팽창을 하고 있다니 이 얼마나 놀라운 현대과학(現代科學)의 눈부신 발전상(發展相)이 아니겠느냐.

이런 이야기들은 할아버지가 설명해 준 파도(波濤)이야기와 대비해서 깊이 생각해 볼 필요가 있겠지.

또 다른 일련의 사람들은 우주의 탄생을 놓고 빅뱅인가 창조인가?

우주는 누구의 설계(設計)인가? 신(神)일까? 자연(自然)일까?

우주가 스스로 자신(自身)을 창조했을까? 신(神)과 물리법칙(物理法則)은 어떤 관계인가? 라는 의문(疑問)과 토론(討論)과 논쟁(論爭)을 벌이고 있는거지. 바람직한 현상(現像)으로 보아야지.

끝까지 잘 들어줘서 고맙고 수고했네.

> 인류가 섬기고 있는 저마다의
> 신앙과 종교, 사상, 이념을
> 내려 놓아햐 하는 이유

■ 맺는 말씀

　인류가 지금까지 가지고 있는 저마다의 민족종교(民族宗敎) 또는 신앙과 사상이념 등은 다 내려놓아야 할 때가 되었느니라.

　왜냐하면 그것들은 모두가 우주정신(宇宙情神)에서 출발한 것이 아니고 저마다의 이익과 자기 동족(同族)이나 민족만의 안녕(安寧)을 지키기 위해서 만들어진 것이기 때문이다.

　그러다가 서로의 이해(利害)관계가 상충(相沖)되는 날에는 피비린내가 나는 싸움을 서슴지 않고 하게 된다.

　지금까지 우리 인류는 조물주(造物主)의 우주정신은 내팽개치고 우리의 뜻대로만 살아왔다고 볼 수 있느니라.

　인류가 살아온 발자취를 되돌아 보도록 하자.

작게는 둘 이상만 모여도 싸움이 시작되었고 이웃 간의 싸움, 마을 간의 싸움, 동족이나 민족 간의 싸움 그리고 이교도(異敎徒) 간의 싸움이 점점 커져서 국가 간의 전쟁이 되고 끝내는 많은 국가가 참여하는 소위 세계 대전도 몇 차례 겪지 않았더냐.

 그래서 인류의 역사는 싸움의 역사라 해도 과언이 아닐 정도로 개인 간의 싸움에서 시작되어 세계대전까지 참으로 많은 전쟁을 경험했지.

 심지어는 지금도 세계 도처에서 전쟁이 진행 중에 있지 않느냐.

 지금까지 살아온 싸움의 역사를 거울삼아 창조와 사랑의 정신인 우주정신만을 가슴에 깊이 새기고 인류가 지금까지 믿고 신앙하던 모든 이념과 사상과 종교는 잠시 내려놓고 전혀 새로운 차원(次元)의 길을 찾아야 한단다.

 다행스럽게도 우리에게는 물려받은 우주정신의 유전자(遺傳子)가 있지 아니하더냐.

 우리 80억 인류 모두가 다함께 유종(有終)의 미(美)

를 거둘 수 있는 길을 기존(既存)의 사상과 이념과 종교 등으로는 더 이상 희망과 행복과 평화를 만들어 낼 수가 없기 때문으로 이제부터는 우리 모두 함께 우주정신으로 재무장(再武裝)해서 우리의 문제는 우리 스스로가 풀어야지 더 이상 창조주의 마음을 아프게 해서는 아니되느니라.

다행스럽게도 우리에게는 그럴만한 능력(能力)과 지혜(智惠)가 갖추어져 있느니라.

걱정스러운 마음으로 우리 인류를 지켜보고 계시는 조물주의 우주정신을 바로 세워 믿고 따라야 되느니라.

우주정신을 망각(忘却)하고 인류를 공멸(共滅)의 길로 인도(引導)하고 있는 현대문명(現代文明)도 비판(批判)받아 마땅하느니라.

우리에게는 아직도 한 번의 기회(機會)가 더 남아 있단다.

이 기회를 잘 활용(活用)해서 창조와 사랑의 우주정신을 완성(完成)시켜 이 아름다운 푸른 별인 지구를 평화와 사랑의 무대(舞臺)로 되돌려 놓아야 하느니라.

  이 길만이 80억 인류에게 주어진 마지막 책무(責務)이니라.

인쇄일_	2024년 06월 20일
발행일_	2024년 06월 30일
발행인_	공상섭(M.010-4590-3586)
디자인_	도서출판 평강
펴낸곳_	도서출판 평강

창원시 마산합포구 남성로 28
☎ 055) 245-8972
E-mail. pgprint@nate.com

ISBN 979-11-89341-30-5(03600)

· 도서출판 평강과 저자의 서면 동의 없는 무단 전재 및 복제를 금합니다.
· 저자와의 협의에 따라 인지는 생략합니다.